AF247273

CHINE.

ÉTABLISSEMENT PORTUGAIS DE MACAO.

PAR M. DE CHONSKI.

Origine de l'établissement. — Vers la fin du xve siècle, les Portugais, guidés par cet esprit d'entreprise qui, à cette époque, poussait les principaux peu-
ples du midi de l'Europe vers des régions inconnues,
après avoir doublé pour la première fois le cap de
Bonne-Espérance, vinrent jeter sur la côte occidentale
de la presqu'île indienne les bases de leur future grandeur maritime et commerciale. Cette grandeur, toute
passagère qu'elle fût, brilla pendant quelque temps d'un
vif éclat. L'établissement de Goa, dont les ruines par-
lent encore aujourd'hui d'une splendeur passée, fut le
principal point d'où la puissance maritime portugaise
rayonna et se répandit progressivement, surtout vers
l'est de la mer des Indes. Sous le commandement du
brave et intolérant Alfonso Dalboquerque [1], les Portugais s'emparèrent de Malacca, située sur la presqu'île
de ce nom, et de là pénétrèrent dans l'Archipel de la
Sonde et atteignirent les côtes de la Chine. C'est à Malacca qu'en 1516 un certain Gabriel Perestello s'em-
barqua, avec l'autorisation du capitaine de la place,
Georges Dalboquerque, à bord d'une jonque chinoise,
pour se rendre dans le Céleste-Empire. Il rapporta de
ce voyage quelques renseignements très-vagues sur ce
pays encore inconnu, mais il réalisa de très-beaux bénéfices par le trafic auquel il s'était livré pendant son
séjour sur quelques points de la côte. Ce succès inat-
tendu provoqua des tentatives sur une plus vaste échelle.
En 1517, quatre navires portugais, dont un appartenant

---

[1] Telle est la vraie orthographe de son nom.

à Georges Mascarenhas, et quatre bateaux malais mirent à la voile sous le commandement de Fernaô Perez de Andrade, et entrèrent dans la même année dans le *golfe chinois*. La vue des grands navires européens causa d'abord de vives alarmes aux Chinois ; mais, rassurés bientôt par des manières polies et amicales et par la conduite pacifique des étrangers, les mandarins, sensibles surtout aux cadeaux qu'on leur prodigua avec habileté, firent aux hautes autorités du pays un rapport favorable sur les nouveaux venus. On permit à six navires de la flottille portugaise de jeter l'ancre dans le port de Tomao situé sur la petite île de San-chân (que les Anglais nomment Saint-John), ouverte alors au commerce des étrangers. Avec deux autres navires, Andrade remonta à Kwang-Toung ou Canton. C'est là le commencement des rapports maritimes de l'Europe avec le Céleste-Empire.

Nous n'entrerons pas dans le récit détaillé des vicissitudes par lesquelles ont passé les premiers navigateurs et marchands portugais, avant d'avoir gagné un pied à terre, un point fixe où il leur fût permis de s'établir d'une manière permanente. Nous en indiquerons seulement les principales. Pendant près d'un demi-siècle, les Portugais parcouraient les côtes de la Chine depuis l'île San-Chân jusqu'à Liampô ou Ling-po (on prétend que c'est le Ning-po actuel), où ils ont enfin obtenu du gouvernement chinois la permission d'ériger une factorerie. S'étant rendus coupables de divers actes de violence et de piraterie contre les Chinois, ils ont été expulsés de cet endroit, et leur établissement a été détruit. Ils se sont alors rabattus sur Tchin-tchou, dans la province de Fokienn, mais ils n'ont pas tardé à y trouver le même sort et par les mêmes motifs. Enfin, après avoir formé un établissement qui dura pendant plusieurs années, sur l'île de San-chân (où est mort l'apôtre des Indes, François-Xavier), et essayé un autre établissement sur l'île de Lampaçao, ils ont fondé l'établissement de Macao.

On ne connaît positivement ni l'année de la fondation de la ville, qui reçut le nom de *Cidade do Santo Nome de Deos de Macao*, ni le titre originaire en vertu duquel les Portugais prirent possession de la péninsule rocheuse sur laquelle la ville se trouve bâtie. Un mémorandum ministériel portugais, conservé dans les archives du sénat de Macao, attribue l'origine de l'établissement à la conquête faite sur un chef pirate de l'île de Hiang-shan, dont la presqu'île et le port d'Amagao (ou, comme les Chinois le nomment, Gao-mounn ou Hao-mounn) forment une partie intégrante. D'après les chroniqueurs chinois, au contraire, l'établissement des Portugais aurait eu pour origine la concession d'une plage déserte, faite par les autorités locales aux marchands et aux marins portugais, qui avaient besoin de débarquer et de sécher les marchandises avariées dans une longue traversée. Plusieurs huttes et baraques auraient été d'abord érigées pour procurer un abri aux hommes préposés à la garde de ces marchandises; ces huttes auraient été par la suite remplacées par des maisons et des magasins, et des relations s'établirent avec les habitants du voisinage. Peu à peu une population chinoise vint s'établir à côté des comptoirs des étrangers, le clergé des missions catholiques bâtit des chapelles et des églises, des forts furent érigés pour servir de défense contre les pirates et les ennemis du dehors, et un gouvernement colonial, dont la juridiction toutefois ne s'étendait jamais sur la population indigène, fut installé au milieu de la nouvelle colonie. Plusieurs écrivains portugais prétendent que le territoire de Macao a été concédé à leurs nationaux en retour du secours qu'ils ont prêté aux autorités chinoises dans la destruction des pirates qui infestaient les parages voisins de l'embouchure de la rivière de Canton. Quoi qu'il en soit, il est certain que cette concession ne leur a été faite que d'une manière conditionnelle; que les Portugais ont toujours été obligés de payer une redevance annuelle en reconnaissance de la souveraineté de l'empereur de Chine sur le territoire qu'ils occupaient. Cette redevance, qui, dans les premiers temps de l'établissement, dépassait la somme de 1,000 taëls (7,500 fr.), a, depuis 1691, été réduite à 600 et par la suite à 500 taëls. Elle est payée annuelle-

ment par le procureur du sénat de Macao au trésor im-
périal, à Canton.

Topographie. — La position de Macao, à part les in-
convénients actuels de son port intérieur, est une des
plus favorables au commerce et une des plus salubres
dans ces parages. La ville est située par 22° 11' 30"
de latitude nord, et par 111° 11' 45" (113° 32'
Greenwich) de longitude est du méridien de Paris. Elle
occupe, à l'entrée d'un golfe dans lequel se jette la rivière de Canton, une presqu'île rocheuse d'environ huit
milles marins de tour [1], de trois milles de long sur un
mille de large. Un isthme de quelques cents pieds de
largeur rattache la presqu'île à la grande île de
Hiangshan, fermée par les deux bras de la rivière de
Canton et le golfe de la mer. Les Chinois ont séparé le
territoire affecté à la résidence des Portugais du restant
de l'île, par une muraille qui traverse l'isthme dans
toute sa largeur. Une seule porte, placée au centre et
gardée par des soldats chinois, permet de communiquer
avec l'intérieur du pays. Il est défendu aux Européens
de la franchir. Autrefois même on la fermait tous les
soirs au coucher du soleil pour l'ouvrir le lendemain
au lever du jour. Mais depuis la dernière guerre avec
les Anglais qui, en 1840, ont attaqué cette barrière et
l'ont en partie démolie, la porte reste toujours ouverte.
Les principales hauteurs qui dominent la ville sont cou-
ronnées de forts, érigés par les Portugais, pour la plu-
part au xviie siècle, lors de la guerre avec les Hollandais. Ces forts portent les noms de *Monte*, de la *Guia*,
de *San-Francisco*, de la *Penha*, de *Bomparto* et de la
Barra, noms souvent cités dans l'histoire de la colonie.
Un beau quai de granit dit *Praya Grande* ceint en demi-
cercle les bords de la rade, couverte de petits bateaux
de transport dits *tankas*, ramés par des femmes. Plusieurs églises et quelques édifices publics et privés
embellissent le plus ancien établissement européen en
Chine Dans le nombre des premiers, les plus consi-

---

[1] Ou environ 12 kilom. de tour, 5 kilom. de long sur 800 mètres de
large. — Superficie, 512 hectares : la ville occupe 120 hectares.

dérables sont la maison du sénat, la douane, la maison du gouverneur; parmi les seconds, la plus remarquable est la maison appartenant à un négociant portugais, Lourenzo Marquès, et nommée *Casa de Orta*. Dans le jardin attenant à cette maison se trouve la grotte où le célèbre poète portugais Camoëns, qui était venu à Macao comme soldat et marin, composait ses Lusiades.

Rade. Ports. — L'établissement de Macao possède une rade et deux ports. La rade est spacieuse, mais dans la partie où elle est assez profonde pour le mouillage des gros navires, elle est complétement ouverte; plus près du quai, elle est abritée, mais peu profonde. Le port extérieur, nommé la *Taïpa*, est formé par plusieurs îles situées au sud de la rade. A l'entrée de la *Taïpa* (les Anglais écrivent *Typa*), les navires d'un fort tonnage peuvent mouiller en toute saison; dans l'intérieur de ce port, n'entrent habituellement que des navires de 300 à 400 tonneaux. Le port intérieur ou port de Macao est fermé par la presqu'île où est située la ville, par une partie de l'île Hiang-shan, et une île montagneuse dite *Lapa*. Une barre assez élevée qui se trouve à l'entrée de ce port le rend inaccessible aux navires de 600 à 700 tonneaux; pour les faire mouiller dans ce port, on est obligé de décharger une partie de la cargaison; mais les navires de 300 à 400 tonneaux entrent facilement dans le port intérieur. M. Cécille, commandant de la frégate française l'*Érigone* (aujourd'hui vice-amiral), qui a examiné ce port en 1842, a exprimé l'opinion qu'avec des travaux de dragage peu dispendieux, on pourrait rendre le port intérieur accessible même aux grands navires de guerre. Comme l'exhaussement du fond provient en grande partie de l'accumulation du lest jeté dans l'eau depuis longues années, principalement par les jonques chinoises, il est nécessaire de veiller à ce que le lest ne soit plus vidé dans les eaux du port.

Division. Population. — La ville est divisée en trois paroisses portant les noms des établissements ecclésiastiques dont elles relèvent. La première de ces paroisses s'appelle *Bairo da Sé* ou de la cathédrale; la seconde,

Bairo de San Lourenço; la troisième, *Bairo de San Antonio*. La population se compose de trois classes principales : les sujets portugais, les sujets chinois, les étrangers. A la première, appartiennent d'abord tous les Portugais, tant ceux qui sont nés en Europe (il y en a à peine une centaine) que ceux nés dans les colonies; ensuite les métis, *mestiços*, race la plus mélangée qu'on puisse rencontrer dans aucune colonie du globe. Il y en a qui proviennent du croisement des Européens avec les femmes chinoises, malaises, indiennes de Goa et avec des négresses esclaves; d'autres sont issus des rejetons de ces mêmes croisements, croisés à leur tour avec des femmes de différentes races pures ou métisses. Ces derniers (sous-métis) conservent à peine une goutte de sang européen dans leurs veines. On compte aussi parmi les métis les Chinois baptisés et habillés à l'européenne.

Enfin, la troisième catégorie des sujets portugais à Macao comprend les nègres et les négresses esclaves provenant des colonies d'Afrique ou de l'île de Timor, colonie portugaise dans les Moluques. Le bataillon des cipayes, dit *de principe*, qui tient garnison à Macao, est composé des Indiens et des métis nés à Goa ; les officiers seuls sont Européens [1]. Le recensement de 1835 avait donné les chiffres suivants pour ces différentes catégories de population : Hommes blancs ou de couleur, libres, 1,487; femmes, idem, 2,306. Nègres esclaves mâles, 469; négresses esclaves, 831. Total de la population blanche ou de couleur, libre, 3,793; population noire esclave, 1,300. Total général, 5,093. Depuis dix ans, la population blanche ou de couleur, libre, est restée à peu près stationnaire; celle des nègres a un peu diminué, mais dans des proportions peu importantes [2]. Un fait frappant ressort de ce recensement, c'est que le

---

[1] D'après l'ordonnance de la reine de Portugal du 20 novembre 1845, cette garnison se compose de 317 hommes d'artillerie à pied.

[2] D'après le dernier recensement fait en 1841, la première est de 3,740 individus libres, la seconde de 1,060 esclaves. Total, 4,788 sujets portugais.

nombre de femmes dépasse celui des hommes de plus d'un quart. Nous n'avons pas pu trouver une explication satisfaisante de ce phénomène. Une remarque que nous ferons aussi en passant, c'est que la population de sang mêlé, ou celle des Macaistes proprement dits, des deux sexes, est d'un type physique fort laid.

Toute cette population s'occupe principalement de commerce et de navigation ; mais, comme elle dispose de peu de capitaux, qu'elle est d'un naturel fort indolent et ne possède que peu d'instruction, les résultats de leurs entreprises sont peu considérables. Il y a cependant dans le nombre quelques riches négociants, dont la fortune a pour principale origine le trafic de l'opium. Le clergé, à Macao, est assez nombreux ; il a produit quelques bons sinologues. Parmi les propriétaires des maisons, il y a quelques amateurs des beaux-arts, surtout de l'architecture et de la musique.

Sujets chinois. — Quant aux sujets chinois, leur nombre est évalué de 30 à 40,000 habitants. Ils sont artisans, marchands, boutiquiers, contrebandiers, bateliers, pêcheurs, portefaix. Un grand nombre sont employés comme domestiques des sujets portugais et des étrangers établis à Macao. Les habitants de deux ou trois villages contigus à la ville s'occupent d'agriculture et de jardinage. Toute cette population chinoise est placée sous la juridiction d'un mandarin inférieur, dit *Tso-tang*, dont les fonctions pourraient être assimilées à celles de maire, de commissaire de police et de juge de paix réunies. Ce mandarin réside à Macao même, au centre du bazar ou quartier chinois ; il relève de la juridiction d'un autre mandarin de Hiang-shan, que les Portugais, à cause de sa demeure, nomment mandarin de *Casa branca* (maison blanche), située sur le territoire chinois. Ce dernier est une espèce de sous-préfet de l'arrondissement dans lequel est situé Macao. Nous parlerons plus tard de la nature des rapports établis entre les autorités portugaises et les agents administratifs du Céleste Empire.

Forme du gouvernement de la colonie. — La forme du gouvernement de la colonie de Macao participe de la

nature mixte de sa population ; il y a le gouvernement
portugais et le gouvernement chinois. Le gouvernement
portugais est exercé par le sénat, le gouverneur, l'évêque et le juge ou ministre. Le sénat [1] est une sorte de
conseil municipal, avec des attributions toutefois qui
ordinairement appartiennent au gouvernement politique
central. L'origine de ce corps, le rôle qu'il a joué à
différentes époques, ses luttes avec les gouverneurs et
les commandants de troupes, sont des faits d'un grand
intérêt pour l'histoire des relations européennes avec le
Céleste Empire, mais ces détails excéderaient les limites
de ce travail. Nous nous bornerons seulement à dire que
le sénat est un corps électif, qu'il se compose de sept
membres élus parmi les notables (*homens bons*) qui ont
droit de voter. Parmi ces membres, deux portent le
nom de *juges* (juizes), trois sont conseillers ou syndics
(vereadores) et un procureur (procurador). Les juges
décident dans certaines affaires litigieuses civiles et criminelles, sauf appel au juge ou ministre, et de celui-ci
au tribunal d'appel pour toutes les colonies de l'Asie
portugaise, séant à Goa et nommé *Relaçao*. Les juges
sont aussi chargés de l'exécution des décisions qu'ils
rendent dans le sénat collectivement avec les autres
membres de ce corps. Les conseillers ou vereadores
président alternativement les séances du sénat et s'occupent plus spécialement des affaires municipales. Le
procurador a dans ses attributions la police, le bon ordre,
l'entretien et la réparation des édifices publics, l'exécution des ordres que le sénat lui donne par écrit ; enfin,
et c'est là la plus importante de ses attributions, il est
l'intermédiaire et l'organe officiel du sénat auprès des
autorités chinoises ; il exerce aussi par lui-même une
certaine autorité sur la population chinoise de la ville,
et il prend pompeusement le titre de chef des Chinois
de Macao (cabeça dos Chinos em Macao). Mais en réalité,
dans toute affaire de quelque gravité, par exemple lorsqu'il y a des poursuites à exercer contre un Chinois, il

---

[1] *Leal senado*, sénat loyal, et non royal, comme l'appellent fréquemment par erreur les journaux anglais.

est obligé d'adresser une communication au *Tso-tang* ou un rapport au *mandarin de Casa branca*, qui jugent le coupable conformément aux lois et aux coutumes chinoises.

Parmi les employés du sénat, les principaux sont le trésorier et le secrétaire. Le premier est en même temps le percepteur des revenus de la colonie, et il siége au sénat (mais non parmi les sénateurs) lorsqu'il rend ses comptes semestriels. Le secrétaire rédige et contresigne les décisions du sénat et fournit des informations sur les lois existantes.

Le *gouverneur* préside le sénat lorsque ce corps s'occupe des affaires politiques, militaires, économiques, quand il discute sur l'emploi des fonds publics et sur les collisions avec les Chinois ou les étrangers. Le gouverneur est en même temps chef de la force armée et commande les forts qui entourent la ville. Ce fonctionnaire a presque toujours été nommé par le vice-roi ou gouverneur général de Goa, ou du moins proposé par lui[1]. Il était obligé de faire à ce dernier des rapports sur tous les actes du sénat. Le gouverneur peut suspendre toute décision qui lui paraîtrait contraire aux lois, ou aux règlements en vigueur, ou aux ordres reçus de Lisbonne. Ces attributions mettent fréquemment le gouverneur en collision avec le sénat. C'est alors le juge ou ministre qui s'interpose pour concilier le différend, et lorsqu'il se trouve de l'avis du gouverneur, les autres membres n'ont plus qu'à signer la décision.

Si le gouverneur est en désaccord avec tout le sénat et avec le juge ou ministre, c'est à l'évêque que l'on a recours. Celui-ci, outre l'autorité spirituelle qu'il exerce en vertu de la nomination par la couronne de Portugal[2],

---

[1] Le décret de la reine de Portugal, du 20 septembre 1844, a séparé les établissements de Macao, de Timor et de Solor (ces deux derniers dans l'archipel de la Sonde) du gouvernement général de Goa, pour en former un gouvernement particulier.

[2] L'évêché de Macao a été fondé en 1575 par la bulle de Grégoire XIII, « *super specula militantis ecclesiæ.* » Le droit de patronage a été con-

est encore autorisé à intervenir dans le gouvernement de la colonie si l'affaire dans laquelle le gouverneur est en opposition avec le sénat est réputée urgente. L'évêque, dans ce cas, convoque une assemblée des notables, et le différend est vidé à la majorité des voix.

Le *juge* ou *ministre* [1] a des pouvoirs très-étendus. Il décide non seulement dans toutes les causes civiles et criminelles, mais aussi dans les affaires de douanes. On peut appeler de ses décisions au tribunal supérieur de Goa. Les Chinois adressent à ce juge des plaintes contre les sujets portugais. Dans le cas d'homicide, le coupable est jugé par le ministre, et l'exécution a lieu à Macao [2].

Le trésor de la colonie est administré par le *trésorier* sous l'autorité du sénat, auquel ce fonctionnaire rend les comptes tous les six mois. Les seuls revenus qui alimentent le trésor sont les produits des droits de douane. Leur perception a été organisée pour la première fois par le règlement du 29 mars 1784. Les dépenses sont ordonnancées par le sénat. L'excédant des recettes avait été et est encore habituellement prêté sur la grosse (respondentia) aux membres du sénat eux-mêmes et à leurs amis. Ce système avait donné lieu autrefois à des abus sans nombre.

Les recettes, dans les années prospères, se sont souvent élevées au-delà de 100,000 taëls (un taël vaut 7 fr. 50 c.). Mais, à partir de l'année 1826 surtout, les dépenses ont presque constamment dépassé les revenus, de façon qu'à la fin de 1834, la dette de la colonie avait atteint le chiffre de 165,134 taëls. L'interruption du commerce

---

servé à la couronne de Portugal sur ce siége, ainsi que sur ceux de Pékin et de Nankin, créés en 1690. Le diocèse de Macao comprend la ville et les provinces chinoises de Kwangtoung et de Kwangsi. Il y a à Macao un chapitre épiscopal, trois paroisses et environ vingt-cinq ecclésiastiques pour quatre à cinq mille chrétiens.

[1] Outre le juge ou ministre, il y a encore, à Macao, deux juges de paix, l'un pour les paroisses de Sé et de San-Antonio, l'autre pour celle de San-Lourenzo.

[2] Ce magistrat a remplacé l'ancien *ouvidor* ou auditeur, que la couronne de Portugal nommait dans chacune de ses colonies.

de Canton, pendant la guerre avec les Anglais, avait occasionné la translation du siége des affaires des maisons anglaises et américaines, à Macao. De 1839 à 1843, le revenu des douanes s'est considérablement accru, ce qui a permis de payer presque intégralement la dette contractée[1]. Circonstance fort heureuse pour la colonie, car avant cette époque, vers la fin de 1838, le trésor était complétement à vide. On avait, cette année, été obligé de s'adresser à la maison des Missions Étrangères de la Propagande, pour obtenir un prêt de 11,000 piastres, afin de pouvoir payer les troupes et les employés. A partir de 1843, la translation des principales maisons de commerce à Hong-kong et à Canton a arrêté la prospérité croissante du trésor de Macao.

Rapports avec les autorités chinoises. — Les rapports du gouvernement portugais avec les autorités chinoises ont subi de grandes modifications depuis l'origine de l'établissement. Dans les premiers temps, le vice-roi des provinces de Kwang-toung et Kwang-si s'attribuait la juridiction, non seulement sur la population chinoise, mais européenne de Macao. L'histoire de l'établissement au xviie siècle fournit des documents où l'on voit les autorités portugaises de Macao sommées de comparaître devant le gouverneur général ou *Tsoung-touh* de Canton. Dans tous les cas pareils, les autorités portugaises avaient recours à la corruption, à laquelle les mandarins de toute classe ont toujours été très-accessibles, pour se soustraire aux conséquences des ordres émanés des hautes autorités chinoises. Cependant les édits chinois de 1611 et 1613, ainsi que le pacte conventionnel de 1743, ont expressément défendu que de nouvelles maisons ou édifices quelconques soient érigés ni réparés à Macao sans la permission du *mandarin de Casa branca.* Dans les affaires criminelles, les mandarins chinois s'arrogeaient également le pouvoir absolu de juger et punir les coupables, surtout les homicides. Ce n'est qu'à partir de 1744 que l'empereur *Kien-Loung* a

---

[1] Dans la dernière de ces années, les recettes de Macao ont été de 600,000 fr. les dépenses de 565,000. Excédant, 35,000 fr.

permis que les Européens accusés du meurtre d'un sujet chinois fussent interrogés et jugés par les juges portugais, et que l'exécution eût lieu à Macao par le glaive ou la corde. Quant aux sujets chinois, ils devaient, selon l'usage, être jugés et punis par les autorités chinoises. Cependant, en 1773, une triste exception à cette règle a eu lieu dans l'affaire d'un matelot anglais, accusé du meurtre d'un Chinois. Les autorités chinoises ont impérieusement exigé que l'accusé, dont les autorités de Macao avaient reconnu l'innocence, fût livré au mandarin de Casa branca. Le sénat résistait ; mais, menacé de voir arrêter l'approvisionnement de la ville, ce qui a toujours été le moyen coërcitif employé par les autorités chinoises, en cas de résistance à leurs ordres de la part des Européens, il eut la faiblesse de livrer l'accusé, qui fut exécuté. A partir de l'année 1805, l'exécution des condamnés européens a toujours eu lieu à Macao et par ordre des autorités portugaises.

Navigation. Commerce. Législation commerciale. — Depuis leur établissement sur la côte occidentale de l'Inde, les Portugais furent, pendant plus d'un siècle, les seuls intermédiaires du commerce européen avec les ports de l'Asie. De leur rocher de Macao, ils dominèrent pendant 70 ou 80 ans tout le commerce de la Chine. En 1578, leurs navires de 600 à 800 tonneaux ont commencé à remonter à Canton ; en même temps, les contrebandiers chinois de la côte apportaient à Macao toutes sortes de marchandises à bord des jonques. Les Portugais importaient d'Europe principalement des tissus de laine ; ils importaient de l'Inde de l'ambre, des coraux, des dents d'éléphants, du bois de santal, de l'argent monnayé et en lingots, et, surtout, une grande quantité de poivre. Leurs exportations, d'après le témoignage de l'*Asia portuguesa*, s'élevaient, annuellement, à 5,300 caisses de soieries, chaque caisse contenant 100 rouleaux de velours ou de damas, et 150 de tissus plus légers (Martin Martini, dans son *Atlas sinensis*, parle de 1,300 caisses), 2,500 lingots d'or (*paos de ouro*), chacun pesant 10 taëls, 800 livres de musc, et, en outre, des perles, des pierres précieuses, du sucre, de la porcelaine et une grande variété d'articles de luxe.

Les Portugais s'enrichissaient également par le commerce avec le Japon. Depuis 1542, année pendant laquelle quelques aventuriers, jetés par une tempête, abordèrent les côtes du Japon jusqu'en 1630, où ils furent définitivement expulsés de ce pays, Macao servait d'escale au commerce avec ce nouveau marché. La fondation de la colonie espagnole de Manille, les relations avec Malacca, Siam et la Cochinchine contribuaient aussi, dans la même période, à entrenir la prospérité commerciale de Macao. En 1622, les Portugais repoussèrent victorieusement une attaque des Hollandais, alors en guerre avec l'Espagne à laquelle le Portugal était réuni. Enorgueillis de tant de succès, les Portugais supportaient impatiemment la dépendance dans laquelle voulaient les tenir les autorités chinoises.

En 1631, celles-ci leur avaient complétement interdit le marché de Canton. Pour rendre cette défense vaine et illusoire, les Portugais parcouraient, avec leurs navires, les côtes méridionales de l'empire, trafiquaient avec de nombreux contrebandiers, et, chaque fois que les autorités chinoises parvenaient à saisir un de ces commerçants d'interlope, les Portugais poussaient les hauts cris, se plaignaient de l'injustice des saisies et offraient de prouver que les marchandises arrêtées avaient déjà payé des droits à leur importation à la douane chinoise de Macao. Cette lutte continua avec des alternatives de succès et de non réussites partielles jusqu'en 1685, année mémorable dans les fastes du commerce étranger en Chine. Ce fut, en effet, en 1685 que l'empereur Kang-hi ouvrit les ports de l'empire à ce commerce, et permit à ses propres sujets de trafiquer avec les pays environnants. Malheureusement, cette politique libérale ne dura pas longtemps. En 1717, Kang-hi, cédant à la suggestion d'un haut mandarin, un préfet maritime, nommé *Chin-Maou*, rendit un nouvel édit révoquant les dispositions de 1685. Un ordre, conçu dans le même sens, fut intimé au gouvernement de Macao, qui fit immédiatement des démarches pour en neutraliser les effets. Une députation, appuyée par les menées influentes d'un jésuite nommé Joseph Pereira, obtint, du vice-roi de Canton, la permission de commercer avec les pays situés au sud de la mer de Chine. La permission fut approuvée par Kang-hi, et, en 1718, plusieurs navires furent expédiés à Batavia et à Manille. Ce même empereur avait proposé au gouvernement de Macao de convertir l'établissement portugais en entrepôt général du commerce avec l'étranger, et de charger ce gouvernement de la perception des droits. Pareille proposition fut renouvelée par le successeur de Kang-hi, l'empereur Young-Tching, en 1732. Qui le croirait? Ces deux propositions furent repoussées; la première, par le sénat de Macao, la seconde, par le vice-roi de Goa, comte de Sandamil. Les Portugais étaient alors loin de prévoir les suites de ce refus. Leur jalousie commerciale ne voyait alors, dans le privilége qu'on voulait leur accorder, que l'obligation funeste, selon eux, d'entrer en partage des bénéfices commerciaux avec d'autres nations européennes. Ils voulaient en avoir le monopole, ils l'ont eu, et c'est le monopole qui les a ruinés!

Navigation. Régime. — En 1725, un ordre de l'empereur Young-Tching a fixé le nombre des navires *tolérés* à Macao à 25. Ces navires avaient seuls le droit d'entrer dans le port intérieur avec le privilége de ne payer que des droits de douane réduits. Les noms des navires, ainsi que les noms de leurs commandants, ont été enregistrés; et, chose bizarre, depuis plus d'un siècle ces noms sont restés les mêmes. Le privilége accordé aux navires de Macao fut, par la suite (ordre du roi Jean V, en 1746), étendu à ceux des navires de Manille, qui, sur une demande de leurs commandants, avaient obtenu un numéro dans les 25 navires privilégiés et qui entraient ainsi en jouissance des avantages accordés à ces derniers (on comptait six navires de ce genre en 1842). Une exemption de certains droits fut aussi octroyée à d'autres navires de Manille qui arrivaient chargés de riz, exemption approuvée plus tard par l'empereur Tao-Kwang, en 1825. Les navires portugais d'Europe entraient dans le port intérieur, mais en payant les mêmes droits que les navires étrangers. Quant aux autres navires étrangers, en général, l'entrée du port intérieur de Macao leur fut positivement interdite, excepté pour réparations en cas d'avaries. Cette dernière faculté était même plutôt le résultat d'une tolérance que d'une concession explicite de la part des autorités chinoises. Celles-ci ne l'accordaient qu'aux navires macaïstes enregistrés, en interdisant, aux Portugais mêmes de Macao, la construction des navires neufs, ainsi que cela résulte d'un édit de Kang-hi de 1722. Les Portugais ont su cependant éluder souvent cette défense en corrompant les mandarins inférieurs, et en faisant passer pour réparations les constructions nouvelles.

En échange de ces priviléges accordés à l'établissement de Macao, le gouvernement portugais de cette colonie avait à remplir une obligation qui lui a été imposée par un vice-roi de Canton en 1732. C'est celle de signaler au grand hoppo, ou directeur des douanes de Canton, chaque navire étranger arrivant dans les eaux de la rivière de Canton, avec mention de sa nationalité, de son tonnage, etc. Cette obligation n'était pas du goût des Portugais. Aussi, s'en acquittaient-ils très-négligemment. Pour remédier à ce mauvais vouloir, les autorités de Canton établirent, sur le grand quai de Macao dit *Praya-Grande*, un hoppo subalterne, qui, assisté de ses pilotes et de ses *compradores* ou pourvoyeurs de subsistances, prenait connaissance de tous les navires étrangers entrant en rade, et prélevait une taxe arbitraire sur les passagers et les bagages débarqués. Néanmoins, lorsqu'il y avait quelque arrivage important, le procurador de Macao n'était pas dispensé, pour cela, de faire son rapport.

La politique mal avisée du sénat de Macao, pendant de longues années, a toujours été d'écarter, autant que possible, la participation des étrangers aux avantages accordés à la navigation de l'établissement et au commerce local. Il serait superflu de citer les cas nombreux où les marchands de Macao sollicitaient et obtenaient des règlements d'exclusion contre les navires et même contre les personnes des étrangers. Cet esprit d'exclusion s'est perpétué jusqu'à ces dernières années.

Cependant, depuis l'année 1800, où quelques marchands de Canton, associés des marchands hanistes de cette ville, sont venus se fixer à Macao, les navires étrangers, mouillés, sous prétexte d'avaries, en rade de Macao, ou dans le port extérieur de la Taïpa, éprouvaient moins de difficulté pour embarquer ou débarquer leurs cargaisons par l'intermédiaire des bateaux de transport de Macao connus sous le nom de *lorchas*. Mais cela ne pouvait avoir lieu que par la connivence des employés chinois, et, de temps à autre, les autorités supérieures de Canton interrompaient cette pratique comme contraire aux lois. Un ordre du hoppo de Canton, du 6 septembre 1836, adressé aux marchands hanistes, a prescrit aux navires étrangers l'obligation d'aller faire leurs réparations au mouillage de Wampoa, afin d'arrêter le commerce que ces navires faisaient à Macao, sous prétexte de relâche par fortune de mer.

Ainsi furent changés les rôles que, dans l'origine, le gouvernement portugais et les autorités chinoises ont joués dans la question des franchises du port de Macao. Les Portugais, qui, avec une ténacité jalouse, sollicitaient l'exclusion de la marine étrangère des eaux de leur établissement, se sont vus forcés ensuite de protéger la fraude à l'aide de laquelle les navires parvenaient à faire le commerce avec ces mêmes établissements en décadence. Les Chinois, au contraire, qui, du temps de Kang-hi, offraient de faire de Macao un entrepôt du commerce étranger, tenaient maintenant à l'exécution des arrangements qui assuraient aux Portugais le monopole de ce commerce. Ceux-ci ont été justement punis par l'application même du système qu'ils avaient si ardemment désiré.

La guerre commencée en 1839, entre l'Angleterre et

la Chine, fit, pendant quelques années, de Macao un grand centre du commerce interlope. Des navires anglais et américains, mouillés en rade et dans la Taïpa, faisaient librement le trafic avec les contrebandiers chinois, apportant des marchandises de Canton; ils opéraient, bord à bord, sans contrôle, sans payer des droits de tonnage ou autres. Mais l'importation des marchandises européennes ou coloniales, par ces mêmes navires à Macao, en même temps qu'elle augmentait très-sensiblement les revenus de la douane de cette ville, donnait une grande activité et des profits considérables aux *lorchas*. Un grand nombre de ces bateaux privilégiés furent construits, d'autres réparés à neuf, et la navigation dans les eaux intérieures prit une activité inaccoutumée [1].

La conclusion du traité de Nankin, le 29 août 1842, entre la Grande-Bretagne et la Chine, puis le développement donné à la nouvelle colonie anglaise de Hong-Kong ont arrêté la prospérité de la colonie portugaise. Cependant si, à l'époque où sir Henry Pottinger, plénipotentiaire britannique, négociait la convention supplémentaire du 27 octobre 1843, le gouvernement portugais avait proclamé Macao *port franc* ouvert aux navires de toutes les nations, il est presque certain que le commerce étranger eût préféré comme pied à terre à l'entrée de la rivière de Canton l'établissement portugais à la nouvelle colonie anglaise. Macao présente sur cette dernière plusieurs avantages incontestables : la salubrité, l'habitude que les Chinois de Canton et de la côte avaient prise d'aller commercer à Macao et les relations qu'ils s'y étaient formées, enfin le bas prix relatif du loyer des maisons et des magasins. Mais, pour profiter de ces avantages, il fallait de suite neutraliser l'attraction que la rade de Hong-Kong exerçait sur la navigation par sa franchise complète, et cela ne pouvait être obtenu qu'en faisant jouir tous les mouillages de Macao des mêmes prérogatives.

[1] Ces lorchas jouent un grand rôle dans le commerce avec Canton.

C'est ce que l'on n'a fait qu'après beaucoup d'essais infructueux, de tâtonnements, de demi-mesures, et seulement pour empêcher la ruine complète de Macao.

Le décret de la reine du Portugal, daté de Lisbonne, le 20 novembre 1845, a déclaré tous les ports de la ville de Macao, c'est-à-dire le port intérieur que le décret appelle Port de la Rivière (*Porto do Rio*), le port extérieur de Taïpa et la rade, *ports francs* pour le commerce de toutes les nations.

Puis, une décision du gouverneur de Macao, du 31 mars 1846, a déclaré *franche* l'importation de tous les articles de commerce, excepté : les canons, les projectiles, la poudre et l'orseille, qui demeurèrent absolument prohibés. La même prohibition fut étendue aux armes à feu et aux armes blanches.

Ainsi, après trois siècles d'existence, l'établissement portugais, ballotté alternativement entre toutes les phases de la prospérité et de la misère, a fini par où il aurait dû commencer, par la liberté commerciale. Tout l'y invitait dès l'origine : Sa position géographique, l'absence des produits du sol ou de l'industrie locale à protéger, les difficultés des rapports avec le gouvernement chinois qu'il ne fallait pas compliquer par des difficultés opposées au commerce étranger, l'intérêt des propriétaires et des consommateurs. Mais toutes ces considérations furent écartées, étouffées par l'égoïsme, l'envie, l'esprit de monopole des marchands portugais qui se fixèrent dans ces parages et par la cupidité, jointes à l'indolence de leurs descendants. Nous avons vu dans le cours de cet exposé le sénat de Macao refuser à deux reprises différentes les offres des empereurs chinois tendant à convertir leur établissement en un entrepôt général du commerce européen. Nous avons suivi les effets tentés par les Macaïstes pour le séquestrer sur leur rocher et dans leurs ports. La dernière mesure libérale, mais tardive, la franchise, relèvera-t-elle la fortune de la vieille cité portugaise ? C'est une question encore douteuse. Les Américains des États-Unis, qui, par des motifs de convenance commerciale et un peu par esprit d'opposition contre les Anglais, avaient toujours protégé Macao, pourraient ranimer ses maisons désertes et remplir ses magasins vides. Le commerce français, pour lequel Macao offre des avantages analogues, pourrait aussi contribuer dans une certaine mesure à sa prospérité. Mais ce qui assurerait à cet établissement un long avenir d'aisance et même de richesse, ce serait, avant tout, le réveil de l'activité et de l'esprit d'entreprise de ses premiers fondateurs dégagés de toute fausse idée de monopole. Les Portugais de Macao, par leur longue expérience de la navigation sur les côtes chinoises et dans les parages de l'Indo-Chine, par leur connaissance des coutumes et des habitudes des populations du littoral chinois et tonquinois, pourraient redevenir les meilleurs caboteurs, les plus actifs rouliers de la mer de Chine! C'est vers ce but que devraient tendre les efforts du gouvernement local et de celui de la métropole, c'est le meilleur conseil qu'ils aient à recevoir de leurs alliés.

Paris. — Imprimerie de POMMERET et MOREAU, quai des Augustins, 17.